LE GÉNÉRAL JÉROME ULLOA.

OBSERVATIONS

SUR L'OUVRAGE :

CAMPAGNE

DE

L'EMPEREUR NAPOLÉON III EN ITALIE.

PARIS,

P. BRUNET, LIBRAIRE-ÉDITEUR,

Rue Bonaparte, 31.

1865

ORLÉANS, IMP. DE GEORGES JACOB, CLOITRE SAINT-ÉTIENNE, 4.

OBSERVATIONS

SUR L'OUVRAGE :

CAMPAGNE DE L'EMPEREUR NAPOLÉON III EN ITALIE.

Je viens de lire l'ouvrage intitulé : *Campagne de l'empereur Napoléon III en Italie,* rédigé au dépôt de la guerre et publié à l'imprimerie impériale.

C'est un ouvrage complet, très-beau, très-élégant, exécuté avec un grand luxe, et où l'on reconnaît le rare talent qui distingue, en général, les militaires français ; en un mot, c'est un travail magnifique qui aura certainement une large publicité, et dont les appréciations jouiront d'une autorité d'autant plus grande que son titre le présente comme officiel.

Mais plus est grande l'estime que j'ai et qu'on aura généralement pour cet ouvrage, plus je me sens doulou- reusement affecté d'y trouver des jugements inexacts sur les troupes que j'ai eu l'honneur de commander pendant cette campagne à jamais glorieuse pour les alliés, et sur ma propre conduite comme général en chef de l'armée toscane.

C'est pour moi un devoir d'honneur, un devoir impérieux envers ceux qui ont servi sous mes ordres et envers moi-même, d'élever la voix contre des erreurs involontaires sans doute, mais non moins blessantes.

Qu'on n'aille pas croire, toutefois, que je veux faire de la polémique ou de la critique. Mon intention est tout simplement de mettre, en regard d'un passage qui me concerne, certains documents officiels et originaux qui ne pourront être contestés par personne.

On lit donc à la page 230 de cet ouvrage les lignes suivantes :

« Le général Ulloa lui remettait (au prince Napoléon)
« un rapport détaillé sur l'effectif des troupes toscanes
« qui étaient encore en voie d'organisation. Ce rapport,
« où les illusions se manifestaient à chaque ligne, évaluait
« à 6,000 hommes d'infanterie, 400 cavaliers et deux
« batteries de six pièces, les forces que l'armée du pays
« pourrait tenir prêtes à entrer en campagne le 5 juin.
« Les corps des volontaires italiens et romagnols, sous
« les ordres du général Mezzacapo, n'étaient pas compris
« dans cette évaluation. »

Oui, j'ai eu l'honneur d'adresser au prince Napoléon plusieurs rapports ; mais comme l'ouvrage auquel je réponds ne précise aucunement duquel de mes rapports il entend parler, il me faut exposer ici tous les faits qui se rapportent au sujet en question.

J'aurais pu profiter de cette occasion pour faire le récit de ma mission politico-militaire en Toscane, et mettre ainsi en vue des faits qui ont été jusqu'ici malicieusement

travestis par esprit de parti, et souvent encore par igno-
rance ; mais j'ai cru que l'honneur me faisait un devoir de
continuer à garder le silence, quoique je ne fusse pas tenu
aujourd'hui à respecter la prudence qui m'était conseillée
lorsque j'occupais une position officielle.

Aussi, dans la présente discussion, je serai sobre et ne
raconterai rien qui ne soit parfaitement permis à un ancien
officier général.

Le 18 mai, le prince Napoléon ayant reçu la mission
de se rendre en Toscane, voulut bien m'adresser la lettre
suivante :

« *Maison de S. A. I. le prince Napoléon.* — CABINET.

« *Gênes, le 19 mai 1859.*

« Mon cher général,

« Mon corps d'armée va en Toscane pour des opérations militaires ultérieures. L'Empereur et le Roi m'ont
donné l'ordre de prendre le commandement militaire de
tout le pays. Je me félicite des rapports qui vont s'établir
entre nous. Vous savez déjà l'estime et l'affection que je
vous porte ; je compte naturellement vous laisser le commandement de l'armée toscane, que je considérerai comme
une division de mon corps d'armée. J'envoie le général
Coffinières, commandant mon génie, avec une petite avant-
garde, à Livourne ; veuillez lui faciliter, autant qu'il dé-
pendra de vous, l'accomplissement de sa mission. J'écris
officiellement au gouvernement de Livourne et à M. Buoncompagni, qui vous communiqueront mes lettres. Ma
mission n'étant que militaire, c'est donc avec vous plus

spécialement que j'aurai à faire. J'arriverai du 22 au 24 avec une partie de mes troupes.

« Recevez, mon cher général, l'expression de tous mes sentiments distingués.

« NAPOLÉON JÉROME.

« *Monsieur le général Ulloa.* »

Je répondis le lendemain par un mémoire sur les conditions politico-militaires de la Toscane, sur les mesures que j'avais prises pour rétablir dans l'armée l'ordre et la discipline qui avaient beaucoup souffert par suite des événements politiques du 27 avril, et pour assurer les frontières contre les tentatives de l'ennemi, enfin sur ce que j'espérais obtenir des Toscans en faveur de la guerre.

Peut-être crut-on alors que je me faisais illusion en me promettant beaucoup du patriotisme intelligent des Toscans et du courage de leur armée ; mais il n'est plus permis aujourd'hui de traiter de chimères les faits avérés.

Car il a été constant que l'ordre le plus parfait a régné en Toscane pendant tout le temps de la guerre. C'est un fait que les Autrichiens, même avant l'arrivée des Français en Toscane, n'ont jamais osé faire un pas pour menacer les frontières du pays ; au contraire, ils se sont tenus toujours sur une stricte défensive ; enfin, la Toscane n'a nullement démenti les espérances qu'on avait justement fondées sur elle, ainsi que je vais mieux le prouver ici, sans craindre nulle réplique ou contestation.

A l'arrivée du prince Napoléon à Livourne, je lui remis un rapport détaillé sur les forces de la Toscane et sur la manière dont j'entendais les distribuer pour concourir aux

opérations de guerre du 5ᵉ corps, d'après le plan que
S. A. I. m'avait fait l'honneur de me développer lui-même
en présence de son général du génie Coffinières et de son
chef d'état-major général de Beaufort-d'Hautpoul. Voici
la réponse que le prince fit le lendemain à mon rapport :

« *Armée d'Italie, 5ᵉ corps, état-major général.* — Nᵒ 32.

« *Quartier-général, à Livourne, le 26 mai 1859.*

« Général,

« J'approuve complètement les dispositions que vous
me proposez par votre lettre du 24 du courant, et qui sont
relatives au placement de vos troupes sur les principales
routes débouchant dans les États pontificaux, et à la con-
centration du 5ᵉ régiment d'infanterie à Florence.

« Je n'apporte que la modification suivante : en ce
qui concerne *Orbitello* et *Sienne*, il suffit d'y placer des
détachements destinés à recevoir des volontaires. Tout ce
qui restera disponible des troupes du général Mezzacapo sera
échelonné entre *Lucques*, *Pietrasanta*, *Massa* et *Carrare*.

« La compagnie piémontaise qui se trouve à Sienne
sera envoyée à Livourne, où elle tiendra garnison, et un
détachement de volontaires occupera Porto-Ferrajo, que
rien ne menace.

« Donnez des ordres pour assurer l'exécution de ces
dispositions, et faites-moi connaître l'époque à laquelle
les divers mouvements auront été exécutés.

« Recevez, général, l'assurance de ma considération
très-distinguée.

« *Le prince commandant le 5ᵉ corps,*
« NAPOLÉON JÉROME.

« *M. le général Ulloa, commandant l'armée toscane.* »

Il paraît donc que le prince et son état-major partageaient *complètement* mes ILLUSIONS.

Voyons maintenant comment je tins ma promesse à propos des 6,000 hommes d'infanterie, des 400 cavaliers et des deux batteries qui devaient être prêts pour le 5 juin.

En vérité, je suis fier de voir que des militaires français, très-braves, très-intelligents, aient regardé comme chimérique l'exécution de ce que j'avais promis ; et cependant j'ai fait, ainsi qu'on va le voir, le double de ce qu'on attendait de moi.

Les forces mobiles prêtes à entrer en campagne le 5 juin se composaient de 5,616 hommes d'infanterie, 270 soldats du génie, 340 d'artillerie, 60 infirmiers, 60 gendarmes, 113 hommes de l'escadron des guides, 342 dragons formant deux escadrons; total, 6,802 hommes, 12 pièces et 668 chevaux.

Maintenant, veut-on savoir si ces forces étaient réellement en état d'entrer en campagne?

Le 5 juin, elles devaient être prêtes ; le 7 juin, sept jours après l'arrivée des Français à Florence, le prince Napoléon se rendit à Pietramala, sur la route de Jiligare, pour inspecter ces troupes, moins une batterie, six pièces, et la cavalerie, qui se trouvaient à Florence. Le lendemain, 8 juin, je reçus la lettre suivante :

« *Armée d'Italie, 5ᵉ corps, état-major général. — Nᵒ 259.*

« *Quartier-général, à Florence, le 8 juin 1859.*

« Général,

« En visitant hier les cantonnements de l'armée toscane, sur la route de Jiligare, j'ai été frappé de la belle tenue des troupes de la 1re brigade, commandée par le colonel Stefanelli, de leur air martial et du bon esprit qui les anime.

« Veuillez leur en témoigner ma satisfaction.

« J'ai la ferme assurance qu'au jour du combat elles sauront faire honneur à l'Italie par leur bravoure et leur fermeté.

« Recevez, général, l'assurance de ma considération très-distinguée.

« *Le prince commandant en chef le 5e corps,*

« NAPOLÉON JÉROME.

« *M. le général Ulloa, commandant l'armée toscane.* »

Chose étrange ! on trouve aujourd'hui que je me faisais illusion en promettant pour le 5 juin 6,000 hommes d'infanterie, tandis que précisément ce même jour on me demanda du quartier-général de l'armée sarde un contingent de 15,000 hommes d'infanterie qu'aurait dû fournir la Toscane. Voici la traduction de la lettre que je reçus le 6 juin :

« *Florence, le 6 juin 1859.*

« Très-illustre général,

« Le gouvernement du Roi, pressé d'avoir de ces parties de l'Italie qui, comme la Toscane, sont entrées dans le courant du mouvement national, la plus efficace et la plus solide coopération pour la guerre de l'indépendance, autant parce que cette coopération est nécessaire à leur dignité que parce qu'elle aidera mieux à consolider l'arrangement futur de l'Italie, voudrait être certain que la

Toscane, dans le courant du mois de juin, mit à la disposition de S. A. I. le prince Napoléon, commandant le
5ᵉ corps de l'armée française en Italie, 15,000 hommes
de troupes, que nous prendrons l'obligation de maintenir
pendant la guerre.

« Afin que je puisse répondre catégoriquement à la
demande du gouvernement de Sa Majesté, il faut que
votre très-illustre seigneurie, qui commande si noblement
l'armée toscane, ait la bonté de m'adresser un rapport
qui réponde aux demandes suivantes :

« 1º Si la Toscane, dans le courant de juin, pourra
mettre sur pied 15,000 hommes, et prendre l'obligation
de maintenir ce nombre pendant la guerre ;

« 2º Dans le cas où la Toscane ne pourrait donner
les 15,000 hommes demandés, combien pourrait-elle en
équiper ?

« 3º Dans les préparatifs de la guerre, peut-on se dire
que la Toscane ait donné des forces inférieures à ce qu'on
pouvait attendre et désirer d'elle, par rapport à sa population, à son territoire, à ses richesses ?

« Je n'ai pas besoin d'insister auprès de votre très-
illustre seigneurie pour lui faire comprendre combien il
importe que son rapport réponde d'une manière très-
précise aux questions posées, et soit envoyé le plus promptement possible.

« Agréez, Monsieur le général commandant l'armée
toscane, les sentiments de la plus haute considération
avec lesquels je me dis,

« *Le commissaire extraordinaire,*

« BUONCOMPAGNI.

« *Au très-illustre général commandant l'armée toscane,
Jérôme Ulloa.* »

Deux jours après, le 8 juin, je répondis par le rapport suivant :

« *Commandement général de l'armée toscane.*

« *Florence, le 8 juin 1859.*

« Excellence,

« Je m'empresse de répondre catégoriquement aux trois questions que me propose Votre Excellence dans son honorée lettre du 6 juin courant.

« Quant à la première question, savoir si la Toscane peut, dans le courant du présent mois de juin, mettre en campagne un corps de 15,000 hommes et le maintenir à ce chiffre pendant toute la durée de la guerre, je n'hésite pas à répondre négativement, à moins d'un redoublement imprévu, ou d'enthousiasme populaire, ou de subsides du gouvernement, et plus spécialement de ce second point, parce que le grand nombre de jeunes gens déjà réunis sous les drapeaux ne permet pas d'espérer que d'autres veuillent, avec une égale spontanéité, remplir les vides occasionnés par les batailles. Les forces de l'armée pourraient être augmentées : premièrement, au moyen d'encouragements offerts aux volontaires toscans, ou d'une levée obligatoire, et maintenues moyennant l'agrégation de volontaires d'autres provinces, lesquels, pendant mon passage dans ces provinces, se joindraient à mon armée, si on me donnait la faculté de les recevoir.

« Quant à la seconde question relative aux forces que je pourrais mettre en campagne vers la fin de juin, je crois réussir seulement, avec les plus grands efforts, et sauf de plus grands résultats provenant de circonstances favorables extraordinaires, à disposer vers l'époque indiquée d'un corps de 12,000 hommes, fantassins et cavaliers, avec quatre batteries complètes de campagne de six pièces chacune. Et, bien que la Toscane ait aujourd'hui une armée de 17,000 hommes, y compris l'état-major, le corps du génie, l'artillerie de place, de côte et de camp, la gendarmerie et les vétérans ; 12,000 hommes sur 17,200 ne paraîtront pas peu de chose, si l'on considère qu'un État ne peut jamais mobiliser toutes ses forces, et que souvent il se contente d'en mobiliser seulement la moitié, tandis que la Toscane en mobilisera plus des deux tiers, dont les neuf dixièmes en infanterie de ligne. Elle pourrait absolument en mobiliser davantage, s'il ne fallait pourvoir non seulement aux garnisons de Livourne, Volterra, Orbitello, etc., mais encore à celle de Massa-Carrara, garnison que j'ai toujours jugée superflue, comme le sait très-bien Votre Excellence.

« Je dois ajouter que la Toscane aurait pu, dans le courant de juin, mettre en campagne non seulement 12,000 hommes que je promets, non seulement 15,000 que le gouvernement piémontais demande, mais plus de 20,000 hommes qu'elle aurait su trouver, si elle eût été plus secondée par des circonstances favorables, ou moins empêchée par de contraires. Mais je ne pourrais mieux expliquer cela qu'en répondant à la troisième question que me propose Votre Excellence. La troisième question tend à examiner si la Toscane a fait pour la guerre des efforts proportionnés à son territoire, à sa population et à sa richesse, question plus ardue que les autres, et qui exige de plus grands développements. Pour y répondre avec une parfaite exactitude, il convient d'examiner les forces du pays considéré en lui-même, l'impulsion virtuelle que la sagesse gouvernementale a réussi à leur donner, et le parti effectif qu'a pu en tirer l'autorité militaire organisatrice. Quant aux forces du pays considéré en lui-même, elles ne doivent pas se mesurer uniquement sur les proportions du territoire, sur la population, sur la richesse, mais aussi, et plus encore, sur les conditions topographiques, les tendances morales et les traditions civiles. Un pays qui a plus besoin d'une défense continuelle est plus guerrier, plus adonné à de fortes études et à des entraînements plus passionnés, plus véhément dans ses désirs ou par suite de ses aspirations habituelles. La Toscane, pays tout à fait pacifique par l'agrément et la sûreté des lieux, par l'exercice des beaux-arts et la douceur des habitudes, a fait beaucoup plus qu'on ne pouvait attendre d'elle, en réunissant sous le drapeau italien environ 8,000 volontaires dans l'intérieur, outre 4,000 et plus envoyés séparément en Piémont, donnant ainsi en peu de mois l'équivalent de huit contingents annuels. Les 12,000 volontaires, joints aux 12,000 soldats existant avant le 27 avril, si les premiers se fussent tous enrôlés en Toscane, et si de ceux-ci il ne fallait défalquer les chasseurs volontaires des côtes et frontières récemment supprimés, auraient formé un total de 24,000 hommes qui, dans une population de 1,800,000, répond au 13 1/6 pour 1,000. La France, avec 35,000,000, met sous les armes, en temps de guerre, 600,000 hommes, c'est-à-dire le 17 1/9 pour 1,000 ; le Piémont, sans compter les volontaires des autres provinces d'Italie, en tient 70,000, c'est-à-dire le 14 1/2 par 1,000, de manière que la Toscane donne un peu moins que la France et presque autant que le Piémont, bien que la France et le Piémont soient des puissances qui ont de bien plus grands éléments militaires, des habitudes et des traditions guerrières.

« Il faut ajouter à cela que la Toscane se trouve dans un état tout à fait spécial et transitoire, c'est-à-dire dans une situation qui n'est ni entièrement révolutionnaire, ni entièrement reconstituée, que par conséquent elle n'offre pas les ressources qui jaillissent ou des excitations de la liberté absolue, ou de l'efficacité d'une autorité également absolue.

« Veut-on ensuite considérer les impulsions données aux forces du pays par la sagesse gouvernementale? Alors, il ne m'appartient pas de juger si les conditions du gouvernement étaient de nature à lui permettre des mesures plus énergiques en faveur de la guerre. Seulement, je ne puis me dispenser de faire observer que, si c'eût été possible, il eût été opportun de maintenir les forces existantes, de les augmenter en encourageant l'affluence des volontaires toscans, de faciliter l'enrôlement des provinces voisines ; d'accepter ma proposition concernant l'appel à faire, avec promesse d'une récompense, aux anciens soldats sortis du service ; de recourir enfin à une levée forcée. Des raisons politiques certainement très-graves, mais desquelles je ne dois pas m'occuper, et dont Votre Excellence peut seule pleinement informer le gouvernement piémontais, doivent avoir suggéré des mesures opposées, puisqu'on a cru au contraire opportun de retrancher des forces existantes le corps des chasseurs volontaires des côtes et frontières ; de ne pas organiser une garde civique, laquelle, en diminuant les craintes de la réaction intérieure, aurait augmenté le zèle de ceux qui auraient voulu entrer dans les rangs des volontaires pour les batailles extérieures ; de fermer les voies aux volontaires provenant des États romains, de s'enrôler dans nos rangs, plutôt que dans ceux du général Mezzacapo ; d'établir pour l'enrôlement des volontaires une limite d'âge qui excluera beaucoup d'anciens soldats ; de renoncer non seulement à la levée, réduisant ainsi tous les efforts au mouvement spontané des habitants des villes, et dispensant ceux des campagnes, mais d'écarter encore l'accomplissement des obligations de beaucoup de conscrits de l'année courante. Je n'entends pas censurer ces faits, mais seulement les noter, afin que Votre Excellence, en expliquant la nécessité qui les imposa, veuille bien justifier, auprès du gouvernement piémontais, la Toscane du reproche d'avoir participé à la guerre avec cette efficacité limitée qui en a été le résultat.

« Venant enfin à parler de ce qui concerne l'autorité militaire, je crois avoir fait de mon côté tout ce qui dépendait de moi, et avoir obtenu des résultats plus grands qu'il n'était permis de les espérer au milieu de difficultés si nombreuses, et dans des conditions si spéciales, puisque, avec des éléments presque tous toscans, je suis parvenu à porter à 13,000 hommes une armée qui, lors de mon arrivée, n'était que 12,000, bien que le récent décret qui supprime les chasseurs volontaires des côtes et frontières l'ait maintenant réduite à 17,200. Dans un si court espace de temps, et avec des moyens si restreints, j'ai quadruplé le nombre des chevaux employés au service de l'artillerie et de la cavalerie, en les portant à 1,523. Enfin, sans le manque d'établissements militaires importants, comme grands arsenaux, bonnes fonderies, fabriques d'armes, etc., j'aurais bientôt augmenté jusqu'à quatre batteries complètes de 120 charriots le parc d'artillerie, consistant, à mon arrivée, en une seule batterie attelée à quatre chevaux, en tout 36 charriots.

« D'après tout ce que je viens de dire, Votre Excellence comprendra que j'ai fait plus qu'on ne pouvait exiger dans les conditions actuelles de la Toscane ; que ces conditions ont probablement empêché le gouvernement lui-même d'obtenir davantage, et que la Toscane enfin, elle-même, a fait tout ce qu'on pouvait attendre des efforts spontanés de tant d'esprits unis dans une seule et même volonté pour le triomphe d'une cause commune.

« La Toscane montra qu'elle avait compris toute la

gravité, toute l'importance de l'entreprise italiennne dès le moment qu'elle envoya un si grand nombre dc ses enfants rallier le drapeau piémontais ; elle le montra mieux encore par l'admirable révolution qui, en peu d'heures, et sans une seule goutte de sang, renversa une dynastie qui contrariait cette entreprise. Elle continua à se montrer toujours la même en se soumettant à toute sorte de sacrifices avec une noble émulation ; elle le témoignera surtout désormais sur les champs de bataille, où il lui tarde de se montrer digne de ses vaillants alliés piémontais et français. A cet effet je n'épargnerai ni soins ni fatigues, et le gouvernement toscan ne manquera pas, j'en suis sûr, de me seconder.

« Je terminerai en annonçant à Votre Excellence la réception d'une autre lettre qu'elle m'a fait l'honneur de m'écrire. Je trouve très-justes les raisons qu'elle y donne sur l'opportunité de ne pas répondre aux paroles injurieuses de certains journaux piémontais ; je m'en rapporte entièrement à ce qu'elle juge à propos de faire pour obtenir une réparation non à moi, mais à l'armée toscane que j'ai l'honneur de commander, et je l'en remercie d'une manière toute particulière. Je me réjouis en même temps de pouvoir me dire de nouveau avec estime et respect

« De Votre Excellence,

« *Le commandant en chef l'armée toscane,*

« Le *Tenente* général,

« JÉROME ULLOA.

« *A son Excellence le commissaire extraordinaire royal sarde.* »

Je suppose que le susdit passage de l'ouvrage auquel

je réponds se réfère à ce rapport du 8 juin plutôt qu'à mon mémoire du 20 mai, ou à mon rapport du 26 mai. Du reste, l'on va voir si j'ai tenu mes promesses.

Mais d'abord je dois donner une explication sur la dernière partie de mon rapport du 8 juin.

Depuis que l'empereur Napoléon, cédant aux vœux de deux envoyés toscans, avait fait partir pour Florence le cinquième corps d'armée, et que, d'accord avec le roi Victor-Emmanuel, il avait placé les troupes toscanes sous les ordres du prince Napoléon, la presse de Turin s'était déchaînée contre moi, comme provocateur supposé de cette mesure. Et cependant je puis déclarer, sur mon honneur, que je n'ai appris les noms de ces Messieurs et leur démarche absolument privée que beaucoup plus tard, après l'armistice de Villafranca, de la bouche de M. Montanelli. Il n'y eut pas d'absurdité que l'on n'inventât. Je ne veux en mentionner qu'une, qui égaiera certainement tous ceux qui m'ont connu alors et me connaissent aujourd'hui.

On répandit le bruit à Turin que je marchais menant grand train, avec un luxe asiatique, ayant des voitures superbes avec nombre de domestiques en grande livrée ; que je m'étais logé au palais Pitti, et que je m'étais rendu invisible comme le grand lama. Mais comme il n'était pas facile de trouver où mordre pour m'entamer, on trouva plus simple de s'en prendre à l'armée toscane. La *Stafetta,* journal officieux, se montrait le plus animé. J'avais méprisé toutes les sottises et les balivernes inventées contre ma personne ; mais c'eût été une lâcheté de me montrer indifférent aux calomnies répandues contre mon armée. C'était vilenie que de laisser discréditer et calomnier l'armée toscane lorsqu'elle était en présence de nos adversaires. Et ce scandale était d'autant plus regrettable que les attaques venaient de la presse officieuse, lorsqu'on avait cru devoir suspendre la liberté de la presse et accorder la dictature au gouvernement de Turin pour le temps de la guerre.

J'écrivis donc au commissaire extraordinaire Buoncompagni, en le priant de faire cesser une telle offense à la Toscane. Voici la traduction de la réponse que je reçus :

« Florence, le 5 juin 1859.

« Très-illustre général,

« Je ne saurais me résoudre à condamner les sentiments d'indignation qui se sont élevés dans votre noble cœur à la lecture des nouvelles offenses que le journal la *Stafetta* vous a prodiguées, ainsi qu'à la position éminente que vous occupez en Toscane, d'autant plus que, méprisant les injures personnelles, vous vous plaignez seulement quand les injures s'adressent à l'armée toscane, que vous avez conduite et réorganisée avec tant de soins et d'habileté.

« Mais parmi les mesures que vous me suggérez comme aptes à prévenir aujourd'hui et désormais ces tristes abus qui ne m'avaient pas échappé, vous ne regretterez pas d'apprendre que dès avant l'indication donnée par votre très-honorée dépêche, j'aie préféré recourir au gouvernement de Sa Majesté, afin que les gérants des journaux sardes soient sévèrement avertis d'observer pour la Toscane cette même réserve qui leur fut prudemment imposée dans ces temps exceptionnels pour ce qui regarde le royaume. Démentir par l'intermédiaire du *Moniteur* les injures et les calomnies des susdits journaux me paraissait devoir nous exposer au péril d'une polémique toujours désagréable, et peut-être encore fatale dans ces moments solennels.

« Je ne doute point que le gouvernement de Sa Majesté ne fasse droit à vos réclamations, et j'espère que désormais vous n'aurez plus à vous plaindre que la presse sarde essaie de diminuer cette considération que vous méritez à si juste titre.

« En vous exprimant les sentiments de ma considération particulière, j'ai l'honneur de me dire

« *Le Commissaire extraordinaire,*

« BUONCOMPAGNI.

« *Au très-illustre seigneur Tenente général* Jérôme ULLOA, *commandant en chef l'armée toscane.* »

Cependant, le 15 juin, je reçois l'ordre de franchir le défilé de l'Abetone et de traverser le duché de Modène avec ma division mobile, pour rallier le 26 juin le 5ᶜ corps à Parme.

Le 18, toute ma division, forte de 10,740 hommes, 800 chevaux et dix-huit pièces, était réunie à Pistoie ; elle se composait de quatorze bataillons d'infanterie, deux bataillons de *bersaglieri,* deux bataillons de chasseurs volontaires, deux compagnies du génie, un détachement de gendarmerie, deux escadrons de dragons, trois batteries complètement attelées et approvisionnées, un service complet de santé et un parc du génie pour une division de 12,000 hommes, outre les cent treize cavaliers du très-bel escadron des guides, demandés par le prince Napoléon et attachés à la brigade de cavalerie Lapérouse, le 3ᶜ bataillon de volontaires, et la 4ᵉ batterie de pièces de douze, qui furent retenus en Toscane par le gouvernement, ce qui portait le chiffre effectif de mes forces mobiles à 11,559 hommes, 1,079 chevaux et vingt-quatre pièces.

Enfin j'avais laissé en Toscane le 4e de ligne, deux escadrons incomplets de dragons, 1,420 gendarmes, les dépôts des régiments d'infanterie, 1,268 artilleurs de place et de côte, et les vétérans.

Ainsi le total des forces de l'armée toscane, le 13 juin, lorsque je reçus l'ordre de franchir la frontière, était de 17,449 hommes, 1,667 chevaux et vingt-quatre pièces.

Mais avant d'entrer en campagne, je sentis le devoir de payer une vieille dette, en répondant aux calomnies et absurdités des journaux de Turin et de quelques personnages haut placés, car depuis mon rapport du 8 juin, et depuis que j'étais directement en relation officielle avec le prince commandant en chef le 5e corps, on avait redoublé de violence dans les attaques contre moi et contre mes troupes.

J'écrivis donc la lettre suivante au comte de Cavour :

« Florence, le 13 juin 1859.

« Excellence,

« Un général est obligé de défendre non seulement son propre honneur, mais encore celui de l'armée qu'il commande. Aussi, Votre Excellence ne sera point étonnée si, après avoir supporté jusqu'à présent les injures de tout genre lancées par les journaux piémontais contre moi et contre l'armée toscane, je me décide à rompre le silence dans le moment où, prêt à entrer en campagne sous les ordres du prince Napoléon, je puis répondre mieux encore que par des paroles et des chiffres, c'est-à-dire par des faits et par mes soldats. Et ainsi j'entends justifier non seulement la Toscane, l'armée et moi-même, mais encore le gouvernement piémontais, toutes les accusations, ou plutôt toutes les calomnies devant être réputées adressées à celui-ci, depuis que la Toscane a demandé et obtenu la dictature militaire de Sa Majesté le roi Victor-Emmanuel, au nom duquel elle est gouvernée par un commissaire extraordinaire piémontais, lequel reçoit par le télégraphe les ordres directs du gouvernement piémontais. J'avoue que sans ce motif je dédaignerais de répondre à des injures qui trouvent leur réfutation dans leur absurdité.

« La première accusation qu'on porte contre l'armée toscane, c'est de n'avoir pas été prête à entrer en campagne en même temps que les troupes piémontaises. Quiconque connaît la difficulté de mobiliser une armée et les conditions spéciales de l'armée toscane ne peut trouver le moindre fondement à une telle accusation. L'armée piémontaise elle-même, forte de 54,000 hommes, ne put, pour la guerre de Crimée, disposer et fournir son contingent de 15,000 hommes que trois mois après l'avoir promis. En 1848 même, elle eut besoin de deux mois pour mettre en marche 45,000 hommes ; et il n'y eut personne qui en fît un reproche au Piémont, bien qu'il ait dans ses mains tant d'éléments militaires. Comment donc accuser la Toscane, qui est privée de semblables éléments, de n'avoir pu promptement mobiliser sa petite armée, laquelle, à la chute du gouvernement de la maison de Lorraine, était composée seulement de 11,000 hommes, desquels, si on défalque ceux qui n'étaient pas destinés à entrer en ligne, c'est-à-dire 1,500 gendarmes, 1,800 chasseurs volontaires, environ 900 artilleurs de place et de côte, environ 200 chasseurs à cheval, plus de 200 vétérans, 600 ordonnances non appartenant à la milice active, il ne reste plus que 5,000 fantassins ? Encore fallait-il retrancher de ce reste les garnisons pour les places de Livourne, Porto-Ferrajo, Lucques, Volterra, Orbitello, etc.

Ainsi, l'on n'aurait pu mobiliser une partie suffisamment importante pour éviter le ridicule d'un effort mal proportionné au résultat qu'il fallait avoir en vue. Que si l'on objectait, comme cela se répète sans cesse en Piémont, sans aucune connaissance des faits, qu'en 1848 la Toscane fut prête à fournir son contingent, il serait facile de répondre qu'alors la Toscane se préparait à la guerre depuis le milieu de l'année précédente ; que déjà, depuis sept mois, elle était activement occupée à armer en toute liberté ses soldats, et qu'elle possédait en outre une garde civique, de sorte que le mois de mars 1848 étant arrivé, il fut facile de mobiliser les troupes et même une partie de la population. Encore lui fallut-il un mois après la déclaration de la guerre pour pouvoir mettre en campagne une petite armée de 5,000 soldats, dont 2,000 réguliers et 3,000 volontaires, avec une batterie incomplète de quatre pièces, et une cinquantaine d'hommes de cavalerie légère. En 1859, au contraire, la Toscane passait brusquement d'un gouvernement qui craignait la guerre à un autre qui la voulait, d'une discipline de parade à une discipline de camp, d'une administration, d'un uniforme et d'un armement autrichiens, à des systèmes nécessairement tout autres ; elle se trouvait enfin au milieu d'une crise politique qui ne pouvait que relâcher la discipline. Et néanmoins, dans l'intervalle d'un mois et demi, elle aura réussi à fournir une armée d'environ 11,000 hommes, bien vêtue, organisée et instruite, avec 3 batteries et 443 cavaliers.

« Si donc le retard ne fit naître aucune accusation contre le Piémont en 1848 et en 1856, à plus forte raison ne doit-on pas en élever contre la Toscane, qui n'avait pas une armée si aguerrie, dont il était nécessaire de changer l'uniforme, et qui n'avait ni garde nationale, ni arsenal, ni bonnes armes, ni rien enfin de tout ce qui est nécessaire à une armée quand les hostilités s'ouvrent.

« La Toscane est accusée non seulement d'avoir donné tard son contingent, mais encore de l'avoir donné trop faible, n'ayant pas réussi à mobiliser les 15,000 hommes que le Piémont attendait ! Mais le Piémont qui, pour mobiliser 15,000 hommes avec son armée de 54,000, eut besoin de trois mois (c'est-à-dire du 25 janvier 1855, époque à laquelle le traité d'alliance fut signé, jusqu'au 24 avril, jour où la première partie de son contingent s'embarqua), et qui, au mois de février de la présente année (c'est-à-dire deux mois après les menaces d'une guerre imminente), n'était pas parvenu à faire avancer un pareil nombre d'hommes sur la frontière, pouvait-il raisonnablement attendre que la Toscane mobilisât ces 15,000 hommes dans un mois, avec son armée active bornée à 5,800 hommes? Cela peut être admis par ceux qui n'entendent rien au détail des choses dont se complique le service militaire; mais je m'adresse à quelqu'un qui doit connaître parfaitement ces sortes d'affaires, puisqu'il dirige le ministère de la guerre. Je m'en rapporte donc à Votre Excellence, pour qu'elle juge si une telle exigence était raisonnable. Mais je ne puis m'empêcher d'ajouter que bien d'autres circonstances plaçaient le Piémont dans une situation tout autrement favorable que celle de la Toscane. Les Piémontais marchent unis sous un roi généreux contre un ennemi commun ; ils partent sûrs de la tranquillité intérieure du pays ; ils laissent une garde nationale bien organisée et des dépôts de troupes très-forts ; tandis que les Toscans sortent d'une révolution politique contre laquelle ils n'ont pas encore cessé de craindre les tentatives secrètes et ouvertes de l'ancien souverain ; ils ont à combattre non seulement les ennemis du dedans, mais encore ceux du dehors ; ils avaient de faibles dépôts de soldats, point de garde nationale, parce que le gouvernement piémontais n'en voulait pas, sans parler des frontières ouvertes et exposées aux attaques, sinon effectives et certaines, du moins possibles, de l'ennemi qui les a déjà menacées, particulièrement du côté de Jiligare, où apparurent dès les premiers jours du changement de politique des symptômes de réaction. Néanmoins, malgré ces difficultés et beaucoup d'autres, la Toscane, outre qu'elle a pu mobiliser en un peu plus d'un mois une armée de 10,000 hommes, 443 cavaliers et trois batteries, qui seront bientôt portées à quatre, conserve des dépôts suffisants pour former huit autres bataillons et deux escadrons, sans compter presque 4,000 volontaires qui ont déjà couru les uns après les autres en Piémont pour s'enrôler. Donc, la Toscane de 1859 a fait plus que celle de 1848, et l'on ne s'éloignerait pas beaucoup de la vérité en affirmant que, toutes proportions gardées, elle n'est pas restée au-dessous de ce que fit le Piémont en 1848, ou même en 1855.

« On ne cesse cependant de dire que la Toscane aurait donné un plus fort contingent et plus promptement, si elle n'avait substitué une question d'uniformes à la véritable question, qui était celle de la guerre. Mais les uniformes ne sont-ils pas chose de premier ordre pour la guerre et pour son organisation, spécialement dans un pays qui avait à former des corps entièrement nouveaux, et à faire disparaître une empreinte autrichienne, dont les effets pouvaient devenir déplorables, comme ils l'ont été réellement en 1848, où l'on négligea cette précaution nécessaire ? La Toscane avait un état-major incomplet, un corps sanitaire insuffisant, elle n'avait point d'administration des vivres ; et comment former de tels corps sans penser à leur donner un uniforme ? Comment aussi donner un uniforme à ces corps et à ceux qui existaient déjà, sans enlever à l'ancien ce qu'il avait d'autrichien ? Cependant, on ne modifia l'ancien que le moins possible, afin de faire plus vite et d'économiser ; et l'on n'introduisit que les changements indispensables pour empêcher les soldats toscans d'être tués comme Autrichiens par leurs propres compagnons d'armes. D'autre part, le nombre des soldats augmentant, le nombre des uniformes à faire augmentait aussi, et avec celui des uniformes celui des armes, non pas seulement pour les nouveaux soldats, mais aussi pour les anciens, puisque le général autrichien avait laissé sans armes propres à la guerre la majeure partie des soldats toscans. Penser donc aux uniformes et aux armes, c'était penser à la guerre, et si cette nécessité a occasionné des retards, cela ne doit pas être attribué à un manque de bon vouloir dans la Toscane, mais au système vicieux et lent de l'administration autrichienne, que l'on suivait ici. Ajoutez le manque général de provisions, dû aux réquisitions extraordinaires que la guerre occasionnait, et aux empêchements apportés par la douane de plusieurs pays limitrophes (y compris la France), qui auraient pu en fournir. Cependant, plus de 10,000 hommes sont armés déjà, et les autres le seront bientôt.

« Plus de 1,000 chevaux ont été réunis, dont une bonne part est due à l'offre spontanée de généreux citoyens.

« On cite l'exemple des chasseurs des Apennins, lesquels, Toscans eux-mêmes pour la plupart, sont déjà instruits et armés, et l'on prétend pour cela que les autres Toscans enrôlés dans notre pays devraient être tout aussi en mesure !

« Votre Excellence permettra que moi, ci-devant organisateur des chasseurs des Apennins, et maintenant général des troupes toscanes, et par là même pleinement instruit des conditions diverses qui répondent à bien des données, je démontre en peu de mots qu'une telle comparaison ne saurait être raisonnablement établie. Le contingent du corps des chasseurs des Apennins arrivait en

Piémont bien avant que les troupes toscanes commen-
çassent à s'organiser, et lorsque l'armée piémontaise était
déjà sur le pied de guerre. Par là même, il eut plus de
temps et de facilité pour s'armer. Or, je sais et puis affir-
mer qu'au bout d'un mois de leur arrivée en Piémont, les
Toscans n'étaient pas encore pourvus d'habits, d'armes,
d'officiers, ni suffisamment instruits, bien qu'ils se trou-
vassent dans un pays si riche en éléments militaires.

« Comment donc rendrait-on dans ce corps l'occasion
d'un reproche pour la Toscane si mal préparée à une
guerre prochaine, n'ayant pu s'en occuper que depuis le
27 avril, obligée de pourvoir tout à la fois à la réorga-
nisation, à l'habillement et à l'armement de presque toute
son armée ? Malgré cet ensemble de contre-temps, la
Toscane, depuis le 27 avril, n'est pas moins venue à bout
d'habiller, d'armer et d'instruire 8,000 volontaires, dont
la majeure partie a été formée, dressée avec tant de per-
fection, qu'ils n'ont rien à envier aux chasseurs des Apennins, aux chasseurs des Alpes et aux soldats piémontais
eux-mêmes.

« Je ne veux pas dissimuler à Votre Excellence que
j'ai éprouvé une grande répugnance à prendre le parti de
repousser pareilles faussetés, lesquelles tournent plus au
déshonneur de ceux qui s'en font l'instrument que de
ceux contre lesquels elles sont répandues. Mais ce qu'il y a
de plus douloureux, c'est de voir ces injures jetées au
peuple de la Toscane, qu'on peut dire désormais uni avec
le Piémont, sous un même gouvernement, grâce à la conduite généreuse et désintéressée de ceux qui sont si mal
récompensés par le mépris des subalpins. C'est que ces
injures, dis-je, soient lancées à la Toscane par quelques
bavards du journalisme piémontais, auxquels il ne nous
est pas même donné de pouvoir répondre, la Toscane
n'ayant à sa disposition, dans l'état actuel des choses,

l'autre feuille politique que le journal officiel qui s'est bénévolement imposé et maintient avec abnégation la ligne politique de procéder avec une extrême prudence et dignité contre ces provocations blessantes. Mon indignation est partagée par les soldats et officiers de mon armée, mais spécialement par ceux qui, ayant dû se rendre en Piémont, ont eu plus de temps et de facilité pour connaître tant de décrets et de discours toujours inconvenants, mais plus particulièrement à cette époque. Votre Excellence voudra bien m'excuser d'avoir donné peut-être un trop libre cours à des sentiments que mon honneur et celui de l'armée ne me permettaient pas de comprimer, et elle voudra bien en même temps croire à la continuation de mon estime et de mon respect pour sa personne.

. « De Votre Excellence, le très-humble et très-obéissant serviteur. *

« Le *Tenente* général ULLOA.

« *A Son Excellence M. le comte de Cavour, Président du conseil des Ministres, à Turin.* »

L'on voit que j'avais fait entrer en campagne plus de troupes que je n'en avais promis. Mais étaient-elles en état de se mettre en ligne avec les braves troupes françaises ? Voici ce qu'on lit dans le rapport que le prince Napoléon adressa, le 4 juillet, à l'Empereur :

« ..... La Toscane a donné au 5ᵉ corps un appoint de 8 « à 10,000 soldats armés, équipés, et prêts à se mesurer « avec l'ennemi. »

De plus, le 10 juillet, le prince m'honora d'une lettre à laquelle il eut la bonté de joindre la copie d'une autre qu'il avait adressée au roi Victor-Emmanuel. Voici ces deux lettres :

« *Armée d'Italie, 5e corps, état-major.*

« *Quartier-général, à Sallionse, le 10 juillet 1859.*

« Général,

« En même temps que votre dépêche du 8 de ce mois, j'ai reçu du maréchal major général de l'armée d'Italie l'avis que la division toscane cessait d'être placée sous mon commandement, pour passer sous les ordres de Sa Majesté le roi de Sardaigne. En vous notifiant cette disposition, je vous témoigne tout mon regret de me séparer des troupes toscanes que vous avez formées avec tant de peine et au milieu de tant de difficultés.

« J'écris au roi de Sardaigne, et vous envoie copie de ma lettre.

« Recevez, général, l'assurance de ma considération très-distinguée.

« *Le prince commandant le 5e corps,*
« NAPOLÉON JÉROME.

« *A monsieur le général Ulloa, commandant la division toscane à Volta.* »

« *Armée d'Italie, 5e corps, état-major général.*

« *Quartier-général, à Sallionse, le 9 juillet 1859.*

« Sire,

« Au moment où la division toscane que j'ai amenée de Florence va passer sous les ordres de votre Majesté, permettez-moi de vous dire tout le bien que je pense de cette brave troupe et de son chef, le général Ulloa.

« Malgré le zèle et l'activité intelligente du général Ulloa, il éprouvait de grandes difficultés à organiser l'armée toscane. Je lui suis venu en aide autant que je l'ai pu ; mais cette organisation était loin encore d'être complète quand arriva l'ordre de départ. Néanmoins, la division toscane se mit en route au jour indiqué, franchit les Apennins par la route de Modène, et me rejoignit à Parme, en exécutant ponctuellement l'itinéraire que je lui avais tracé. Certainement, c'est là une preuve de leur solidité comme soldats ; aussi, je ne doute pas que, lorsque viendra l'heure du combat, ils feront honneur aux glorieuses couleurs de Sardaigne.

« Je recommande particulièrement aux bontés de votre Majesté le général Ulloa.

« Je suis avec respect, Sire, de Votre Majesté, le très-dévoué fils.

« *Le prince commandant le 5ᵉ corps de l'armée d'Italie,*

« *Signé* : **NAPOLÉON JÉROME.**

« *A Sa Majeste le roi de Sardaigne.* »

Le lendemain, je reçus une dépêche officielle très-inconvenante dans la forme, signée par le colonel Righini, fonctionnant comme sous-chef d'état-major, général de l'armée sarde, par laquelle on m'annonçait la dislocation de mes troupes. Il n'y avait pas d'adresse dans la lettre ; mais sur l'enveloppe se lisait ceci : AU COMMANDANT LES TROUPES TOSCANES A VOLTA. Ainsi, on recommençait la série des petites misères qui devaient m'abreuver de dégoût.

Quinze jours plus tard, je donnais ma démission de général de l'armée toscane.

Le gouvernement toscan, présidé par le baron Ricasoli, fit de son mieux pour adoucir mes amertumes : il me donna des marques éclatantes de son estime dans l'ordre du jour qu'il adressait à l'armée, et par la lettre de démission que je reçus du ministre de la guerre. En outre, il me nomma *tenente* général honoraire, avec la permission de porter l'uniforme, et me décerna l'honneur de pouvoir me dire citoyen toscan. Une gratification de 5,000 livres toscanes me fut aussi offerte. Je la refusai d'abord ; mais trois mois plus tard, les conseils de mes amis me décidèrent à l'accepter.

La récompense la plus glorieuse et la plus flatteuse me fut accordée par Sa Majesté l'Empereur Napoléon III, qui, voulant me donner *une marque éclatante de son estime et de sa bienveillance* (1), me conféra la croix de commandeur de son ordre impérial de la Légion-d'Honneur. Cette décoration étrangère est la seule qui m'ait jamais été accordée pour reconnaître ce que j'ai fait pour ma patrie.

En démontrant, comme je viens de le faire ainsi, que malgré toutes les difficultés semées sur mes pas, malgré toutes les contrariétés et les chagrins qu'on m'a prodigués, j'ai donné pour la guerre d'Italie plus que je n'avais promis et plus qu'on n'aurait pu attendre de la Toscane, je n'ai eu recours qu'à l'autorité d'un prince français, commandant en chef un corps d'armée française, parce qu'il s'agissait de répondre à un ouvrage officiel français.

____

(1) Ce sont les expressions dont s'est servi M. le Ministre des affaires étrangères, comte Walewski, dans sa lettre du 30 novembre, qu'il voulut bien m'adresser à Florence.

Mais il y aurait bien d'autres témoignages qui pourraient constater ce que j'ai avancé dans cette brochure.

Les Toscans ont été témoins de mes travaux et du zèle que j'ai déployé pour la guerre de l'indépendance italienne. Ils ont vu leurs troupes de nouvelle organisation dans les fréquentes revues, marches militaires et manœuvres aux *Cascine*. Les Modénais se rappellent certainement leurs chaudes acclamations pour mes troupes, principalement lorsque je leur faisais exécuter des simulacres de guerre à feu avec les trois armes, sur un terrain très-difficile et coupé.

Les ordres du jour de Garibaldi et de Fanti, et les proclamations de Farini et de Ricasoli, parlent avec enthousiasme de la belle tenue, de la discipline, de l'esprit et de l'instruction de mes troupes.

On trouvera, j'espère, que j'ai eu raison de relever un jugement inexact qui me concernait.

J'ai beaucoup souffert pour la cause de ma patrie, et je suis abreuvé de chagrins. Il me semble avoir rendu plus d'un service à l'entreprise de l'indépendance et de la liberté italienne, et je m'en vois assez mal récompensé.

J'avoue qu'après ces déboires, une cruelle et opiniâtre maladie de quatre ans peut avoir affecté mon moral en même temps que mon physique. Cela peut m'avoir rendu sensible outre mesure, même aux piqûres que d'autres trouveraient légères. Mais il s'agissait aussi de l'honneur de l'armée toscane, et c'était pour moi un autre motif de rompre le silence que je gardais depuis cinq années, croyant qu'un honnête homme pouvait compter sur la justice dès ce monde.

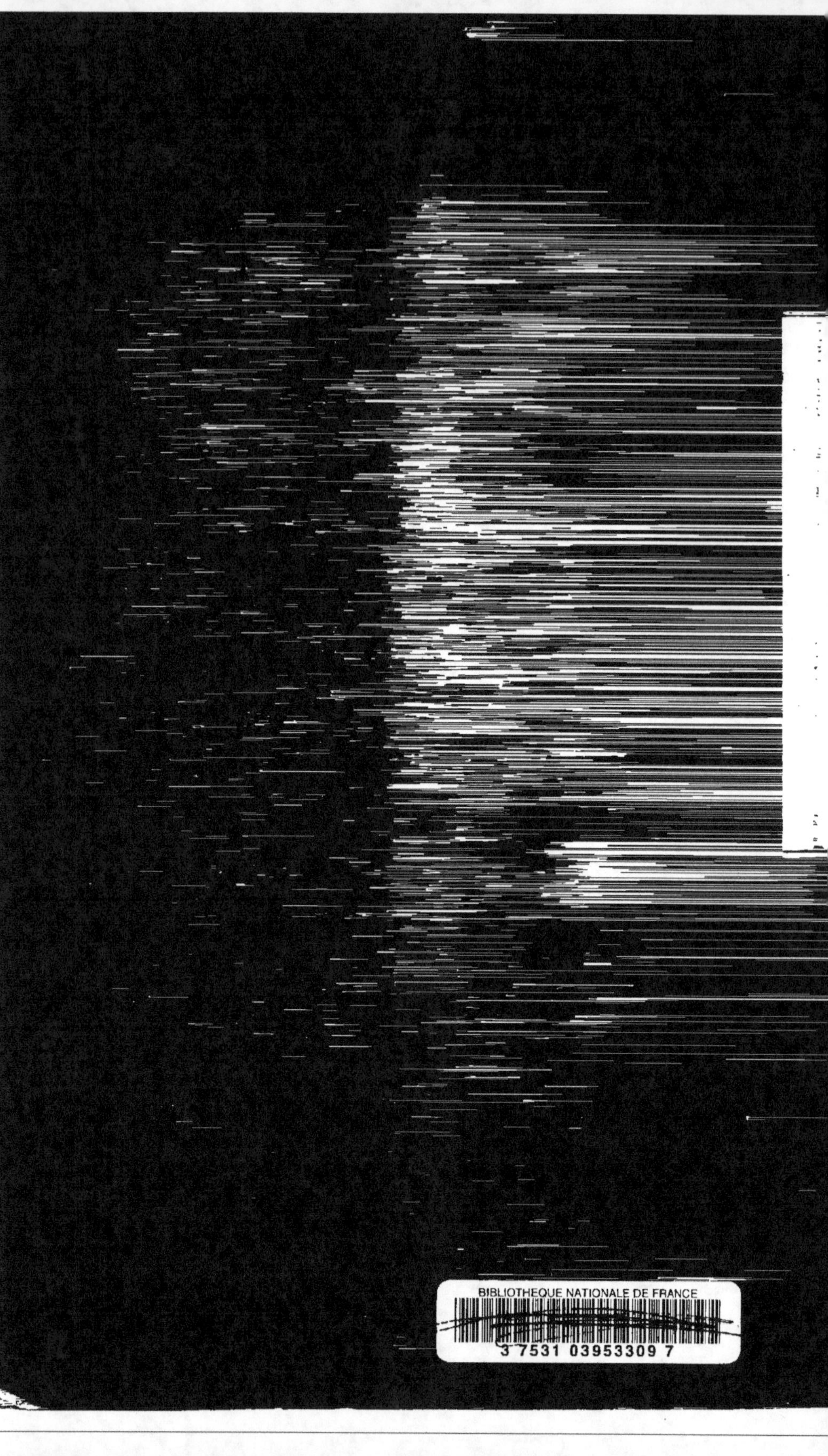

BIBLIOTHEQUE NATIONALE DE FRANCE
3 7531 03953309 7